年级第一名

这样管理时间

〔韩〕薛普渊◎著　木 子◎绘　高 明◎译

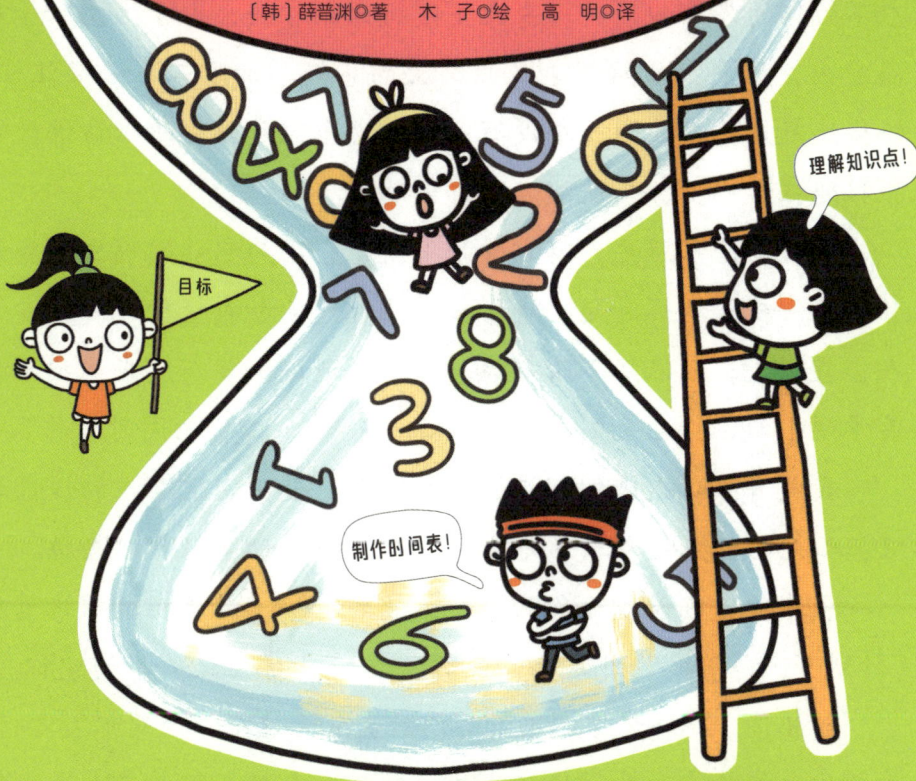

目标

理解知识点！

制作时间表！

北京科学技术出版社
100层童书馆

U0642628

怀抱梦想，
做时间的主人！

在我还是个孩子，可能只比翻开这本书的你大两三岁的时候，我偶然在一本书上看到了一张照片：一个瘦骨嶙峋的非洲小孩被衣不蔽体的母亲抱着，浑身上下瘦得只剩骨头，由于生病肚子高高突出，眼皮上竟然落着又黑又大的苍蝇。母子二人眼泪汪汪，饿得连赶走苍蝇的力气都没有。看着这张照片，我的心仿佛被针狠狠地扎了一下，我默默流了许久的泪。

我剪下这张照片，将它贴到书桌上，因为它让我确立了我的梦想——就是从那时起，我希望自己能将爱和希望传递给更多的人，直到现在我依然不改初衷。为了实现这个梦想，我攻读了教育学硕士学位，在无国界教育学会（EWB）工作，同时写作。

我也有身心疲惫到想要放弃的时候，是对实现梦想的憧憬和装满心房的爱支撑着我走到今天。我愿与你分享，与你共勉。

我希望自己能成为你的"知心姐姐"——这是在做网络节目《计划女王薛普渊的计划指南》时，20万中学生送给我的爱称。

我相信，正在读这本书的你以后会成为这个社会的栋梁之材，希望你也能将爱和希望传递下去。每一个人都怀揣着或大或小的

梦想，希望你能用对方法，持之以恒，最终实现自己的梦想。

　　这本书里出现的人物——松雨、春天、建学、蔡妍的原型是我的侄子侄女。听说我要写书，他们贡献了十几本日记，还把校园生活仔细地描述给我听，对此我深表感谢。还有由始至终关心和支持我的出版社、我的家人、无国界教育学会，以及爱我的读者们，在此我向你们致以深深的谢意。

薛普渊

写于 2009 年

目 录

第四章
积极备考，提高成绩

第五章
有计划地度过假期

登场人物

松雨

12岁，小学五年级学生

梦　　想: 成为有爱心的世界顶级厨师，既能制作国宴菜，也能通过参加公益活动让需要帮助的人品尝到美食。

个性特点: 鲁莽冒失，做事没有计划，事后经常后悔。充满正义感和热情，一旦下定决心就会坚持到底。

短期目标: 向春天、建学和蔡妍学习管理时间的方法和制订计划的秘诀，提高成绩。

春天

12岁，小学五年级学生

梦　　想: 成为外交官，为实现世界和平、帮助不发达国家而努力。

个性特点: 善于进行自我管理，凡事为朋友着想。做事之前会细致、认真地制订计划。

短期目标: 坚持制订计划，稳坐全年级第一名的宝座。除了学习英语之外，再学一门外语。

建学

12 岁，小学五年级学生

梦　　想： 成为科学家，获得诺贝尔奖！

个性特点： 对所有不明白的事物都抱持刨根问底的探索精神。
开朗热情，在学校里很受同学们的欢迎。

短期目标： 成为全年级第一名！在科学竞技大赛中获奖！获得
发明专利！（嘿嘿！目标太多了，根本列不完……）

蔡妍

14 岁，初中一年级学生，春天的姐姐

梦　　想： 成为带给孩子们爱和希望的优秀教师，就像海伦·
凯勒的老师安妮·沙利文一样。

个性特点： 无论是对待学习还是对待玩，都很认真。像姐姐一
样对松雨和建学关怀备至。

短期目标： 参加青少年文学大赛。（敢于挑战的人最美！）

第一章

拥有梦想，
成为更好的自己

梦见
未来的自己

"哎呀，松雨，快去好好学习！看看你现在的样子，真不知道你长大了能干什么！"

松雨正津津有味地看着电视，耳边突然传来妈妈的训斥声。松雨现在上五年级，妈妈每天都在她耳边念叨要好好学习，她快被烦死了。

趁妈妈的怒火还没有燃烧得太旺，松雨赶紧溜回了自己的房间。可即使坐在书桌前，她也一点儿都学不进去。她想了又想，实在想不明白为什么要学习。为什么大人总是让孩子学习、学习、学习呢？

松雨想起了自己最要好的朋友春天。春天竟然认为学习非常有趣，还说要好好学习，长大了去当外交官。同桌建学和春天一样热爱学习。他说他的理想是成为一名科学家，他每天都认真学习，一有空就阅读科学读物。

松雨突然有些羡慕春天和建学。

"为什么我没有他们那样的远大理想呢？我以后能干什么呢？我的未来会是什么样的呢？"

松雨顿时有些苦恼。

空气中飘来一股香甜的气味，耳畔传来菜刀落在案板上的梆梆声，还有食物落入油锅时发出的噼里啪啦声。

"厨师长，您怎么了？"

两个身穿白色厨师服、头戴厨师帽的人关切地看着松雨。

"嗯？好奇怪，这是哪里？我怎么在这儿？"

松雨甩甩头，打起精神，无意中瞥见自己胸前别着的徽章上刻着几个小字——厨师长金松雨。

"咦，我成厨师了？"

"厨师长，休息一会儿吧。您一直忙着准备全球领袖高峰论坛的晚宴，两三天都没合眼了。"

"厨师长，您真的太厉害、太令人敬佩了！您赶快休息一会儿，我去给您端些点心来。"

这两个人让松雨坐下后就离开了。松雨听完他俩的话，大概明白现在是怎么回事了。她心里乐开了花："哈哈，我成了世界顶级厨师、能为全球领袖服务的高端人才！"

"没错，我喜欢做饭！

韩国总统！

全球领袖高峰论坛！

很棒！很棒！

世界顶级厨师

晚宴

"每次去书店我都会一头钻到美食图书区。电视上播放美食节目时，我的视线就会被吸引过去。

"我从妈妈那里，从菜谱类图书和互联网上学习怎么做饭烧菜，我做的饭菜得到了大家的满口称赞。妈妈不舒服的时候，我还会给家人做可口的饭菜，给妈妈熬一锅松子粥。

"我的厨艺让妈妈引以为傲，她曾说我做的饭菜就是她的灵丹妙药。以前看美食节目的时候，我就梦想自己以后成为一名厉害的厨师，这个梦想现在竟然真的实现了！"

松雨仔细环顾四周，发现厨房的墙上挂满了她的获奖证书和接受新闻采访的照片。

"韩国餐饮业的骄傲——金松雨！"

"美食魔法师金松雨！"

"世界顶级厨师金松雨！"

竟然还有韩国总统为她颁发的奖章！

看着自己获得的这些称赞和荣誉，松雨既满足又欣慰。

"松雨！你竟然不学习，趴在桌子上睡大觉！"

"妈妈，这是怎么回事？难道……我刚才在做梦？"

松雨被妈妈喊醒后，难过极了，她好喜欢在梦里成为顶级厨师、被人们赞美的感觉。

畅想未来，
列行动清单

你想成为一个什么样的人？你以后想过什么样的生活？想象一下未来自己实现梦想时的样子吧。拥有梦想真的非常重要。

有些同学不知道为什么要学习以及如何学习，他们只是为了应付父母和老师而学习，所以往往动力不足，遇到一点儿困难就打退堂鼓。其实，每个人的心里都有一颗名为梦想的种子，这颗种子可以爆发出巨大的能量，为你指引前进的方向，激励你勇往直前。有了梦想的推动，你才能认识到学习的意义，才会为了实现梦想而不懈努力。

你的心中也许会出现"我不行！我不可能实现梦想！"之类的声音，你也许会对自己说"我没有这样的能力"。不要一味地自我否定，不要害怕。鼓起勇气，做一个美好的梦吧！

你可以想象一下自己未来从事的职业，并为此设定一些你目前需要达成的目标；然后把你的梦想和目标一一写下来，列一份行动清单。

世上无难事，只怕有心人！当你达成了这份清单上的所有目标，你肯定能从中找到前进的方向和勇气。

列完行动清单后，你一定要认真读一读。语言拥有非同寻常的魔力。把头脑中灵光一现的想法说出来或写下来后，你将获得更强大的力量。

从梦中醒来的松雨决心成为世界顶级厨师，为此她列了一份行动清单，我们一起来看看吧！

 # 松雨的行动清单

1. 每周至少和妈妈一起做两次饭。

2. 每周至少自己单独做一次饭。

3. 每周读一本书，做一个有内涵的美食达人。

4. 每月为独居的老人和养老院的老人做一次饭。

5. 每月为福利院的小朋友做一次饭。

6. 不挑食，均衡饮食。

7. 努力学习，考全班第一（据说擅长做饭的人都很聪明）。

8. 竞选班长。

9. 学好英语，为日后活跃在国际舞台上打好基础。

10. 中学毕业后考入烹饪学校。

11. 四处品尝韩国传统美食。

12. 环游世界，品尝各国传统美食。

13. 会制作 100 种以上的韩国传统美食。

14. 拜访其他美食达人。

_____ 的行动清单

你也来
写一份吧！

1. --
2. --
3. --
4. --
5. --
6. --
7. --
8. --
9. --
10. --
11. --
12. --
13. --
14. --
15. --

计划达人
教你秘诀

确定
年度目标

俗话说得好，良好的开端是成功的一半。列完行动清单意味着你成功地迈出了第一步。不过，要想一下子实现梦想是不现实的。徒手难登天，你需要一架直插云霄的梯子。只有顺着梯子一步一步向上爬，你才有可能实现梦想。

你制订的计划就是一架梯子。所以，你不光要有梦想，还要为实现梦想有针对性地制订计划，并且一步一步地落实。这么说来，计划其实就是梦想被拆解、细分后的一个个大大小小的目标。

现在，从确定年度目标开始为实现梦想助力吧！松雨已经拿起笔写下自己的年度目标啦！

我们先来看看吧！

为了实现"成为世界顶级厨师"这一梦想，松雨确定了今年的年度目标。

1. 各科成绩超过 90 分，做一个善于学习的美食达人。
2. 每周读一本书，做一个有内涵的美食达人。
3. 学会并熟练掌握 5 道菜的烹饪方法。
4. 认真学习英语，英语成绩班级排名第一。
5. 每天至少花 3 小时学习课外知识或阅读课外书。

松雨不仅饭做得好，年度目标也定得非常棒呢！大家也来尝试写一写吧！

有关时间的名言

像明天就会死去一样活着。——甘地

努力思考并确定你的梦想吧，然后坚定不移地一步一步向着梦想前进，总有一天你的努力会开花结果。

有的梦想之所以难以实现，不是因为它脱离现实，而是因为你意志不够坚定，不够努力。把每一天都当作你生命中的最后一天来度过，你离你的梦想肯定会越来越近。

第二章

充实度过
每一天

全年级第一名
——春天

松雨定好今年的年度目标后浑身充满了干劲，有一种自己马上就能成为世界顶级厨师的感觉。

"不过，现在还不是想入非非的时候！既然定了目标，就应该努力去完成！"

松雨猛地从椅子上站起来，拿起写有年度目标的那张纸，又仔仔细细地看了一遍。这一看不要紧，刚刚还晴空万里的心情瞬间就乌云密布了。既要上课认真听讲又要广泛阅读，既要练习厨艺又要学好英语，松雨想到有这么多事要做就十分头疼。

松雨不知道自己该从哪里开始，又该什么时候开始，感觉特别迷茫，脑子里像灌了一团糨糊一样。再一想，自己刚刚还特别高兴，现在又十分低落，松雨更加郁闷了。

"松雨，去买点儿豆腐和鸡蛋回来。"

妈妈的吩咐声从厨房传来。

"妈妈老是给我添乱。"正在为如何完成年度目标苦恼的松雨只好先去买东西。她一路低着头边走边想，忽然后背被人拍了一下。

"松雨，想什么想得这么入神？我叫你，你都没听到。"

"哦，是春天啊。我刚刚在别的世界神游呢，听不到这个世界的声音。"

"嗯？你在说什么？"

"我在和你开玩笑呢。对了，春天，你每天都是怎么学习的啊？"

好朋友春天经常考全年级第一，松雨对她的学习秘诀非常好奇。松雨相信，春天一定能帮助自己消除烦恼。

春天听了松雨的问题后差点儿没惊掉下巴。以前只要一听到"学习"两个字就厌烦的松雨，现在竟然对这个问题感到好奇。

"我是不是听错了？听到你问这个问题，我真是又惊又喜。现在站在我面前问我学习方法的人，真的是我认识的那个金松雨吗？"

制作
时间表

怎样充实地度过每一天呢？

要想实现目标，第一步就是学会合理利用时间。我们可以制作一张时间表，简单来说，就是把我们一天的时间以及如何利用这些时间，以表格的形式具体呈现出来。

时间表包括三要素，即不可支配时间、可支配时间、计划学习时间。

"不可支配时间"指睡觉、洗漱、吃饭、运动、上课等需要占用的时间。这些事情是每天都需要做的，所以被它们占用的时间我们不能随意支配。

"可支配时间"，顾名思义，指个人可以自由支配的时间，也就是不可支配时间之外的时间。

"计划学习时间"指可支配时间中用来完成具体学习任务

的时间。

　　了解了这些，你就可以制作自己的时间表啦。把你的不可支配时间、可支配时间、计划学习时间用表格呈现出来，你就得到了一张专属"藏宝图"。

英　语

数　学

学　校

我也要这样做！

制作时间表！

洗漱/早餐

读书

松雨的时间表

每周可支配时间 **44** 小时

每周计划学习时间 **21.5** 小时

一周内每
以自由支
时间的总

每周可支
里用于完
学习任务
的总和。

	星期日	星期一	星期二	星期三	星期四	星期五	星期六
上午5点	睡觉						
6点							
7点							
	洗漱、吃早餐						
8点							
9点		上课					
10点	运动						
11点							
12点							
下午1点							
2点							
3点							
4点		上兴趣班		上兴趣班		上兴趣班	
5点							
6点	吃晚餐						
7点							
8点							
9点							
10点	睡觉						
11点							
12点							
凌晨1点							
可支配时间							
计划学习时间							

睡觉、洗漱、吃饭、运动、
上课等几乎每天都要做的
事情所占用的时间就是不
可支配时间。

每天不可
之外的时
支配时间
里写出你
年度目标
情吧!

计划学习时间指可支配时间中用来完成具体学习
任务的时间。每天的计划学习时间差不多等于可
支配时间减去两三个小时。

18

_____ 的时间表

大家快来填一填！

每周可支配时间 __ 小时

每周计划学习时间 __ 小时

	星期日	星期一	星期二	星期三	星期四	星期五	星期六
上午 5 点							
6 点							
7 点							
8 点							
9 点							
10 点							
11 点							
12 点							
下午 1 点							
2 点							
3 点							
4 点							
5 点							
6 点							
7 点							
8 点							
9 点							
10 点							
11 点							
12 点							
凌晨 1 点							
可支配时间							
计划学习时间							

未来的科学家
——建学

第二天一大早，松雨就准备好了上学要用的学习用品。然后，她拿出了之前写好的行动清单、年度目标和时间表。"梦想一定会实现的！"她暗暗给自己加油鼓劲，然后把它们郑重地放进了书包。

在童话故事和电影里，想要探险寻宝的主人公大都手握藏宝图。松雨现在也有一种手握藏宝图去寻宝的感觉。

不过，该怎么使用时间表呢？松雨还没想明白，昨天春天没有详细说。"春天就是陪我一起探险寻宝的伙伴，我今天再仔细问问她是怎么使用时间表的，嘿嘿！"

抱着快点儿见到春天的想法，松雨步履如飞地来到了学校，走进教室一看，春天还没来呢。她坐到座位上，拿出时间表琢磨起来。这时，同桌建学到了。

"松雨，你今天怎么来得这么早？"

"大惊小怪，学生早点儿到学校不是理所应当的吗？"

"你以前每天都踩着点儿到，今天竟然到得比我还早！太阳打西边出来了？"

"你怎么说话呢！"

每当班里的男生欺负女生时，松雨都会勇敢地站出来伸张正义，颇有气势。现在建学就被松雨说话的气势震住了。看到建学的样子，松雨觉得十分好笑。

　　建学为了化解尴尬转开了头，这才看见松雨空荡荡的课桌上放着一张纸。

　　"咦？松雨，这张时间表是你做的吗？我也每周都做一张时间表。"

　　"你也有时间表？"

　　松雨惊讶地问道。

　　"这有什么好奇怪的。松雨，你也制订计划了？"

　　建学继续问道。

　　"制订计划？"

　　"你都有时间表了，下一步就该制订计划了呀！"

　　"其实……我昨天刚刚做好时间表，还不知道下一步该怎么做，正想今天来问问春天呢。这么说，你知道我接下来该干吗？"

　　"是的，接下来你需要制订每日计划，然后遵照执行。简单来说就是五步：设定目标—确定方法—安排时间—执行—反思。"

　　松雨心中暗想：难怪这个家伙立下了当科学家的大志向，原来他这么会学习啊！

制订并完成计划
只需五步

第一步：设定目标

　　要想制订计划，先要设定目标。

　　有了目标，你才能够精准地制订计划。目标有大有小，计划也有大有小（比如年计划、月计划、周计划、日计划等）。你可以通过制订各种各样的计划去实现自己设定的大大小小的目标。

　　要想用好时间表，你需要制订日计划。每天的可支配时间不同，因此你需要根据每天的实际情况制订合理的日计划。

我肯定
能登顶！

英语

第二步：确定方法

要想实现目标，你得有方法。历史上的常胜将军之所以能在战场上运筹帷幄，就是因为他们有具体的战术。根据自己的学习和作息习惯，确定你达成目标可以使用的最佳方法，这些方法就是你的独门战术。

例如，你设定的目标是"学好英语"，那么可以将在上学路上收听英语广播、看只有英文字幕的欧美原版电影、读原版的英文图书等作为实现这一目标的方法。

松雨的目标和方法

目标	方法	备注
各科成绩超过90分	★ 上课时集中注意力，专心听讲 ★ 认真完成作业 ★ 每天都预习和复习	
增强阅读能力	★ 睡前阅读30分钟 ★ 每个月去书店或图书馆2次	
提高英语水平	★ 每周二、四、六花1小时读英语故事书 ★ 在"点心时间"看英语视频 ★ 每天花半小时看没有字幕的英语视频	拼尽全力！ 加油！
提高数学成绩	★ 每天花半小时做数学习题 ★ 将做错的题目再做一遍，总结出错的原因	
学习烹饪	★ 每周二、四在爸爸妈妈做饭时打下手 ★ 每周按照菜谱学做一道新菜	
强健体魄	★ 提前出门，步行去学校、体育馆、公园等 ★ 放学后跑步回家，周末去公园锻炼身体	

赶快行动
起来吧！

_____ 的目标和方法

目标	方法	备注
1.		
2.		
3.		
4.		
5.		
6.		

第三步：安排时间

方法定好后，你接下来要做的就是安排时间，这就要用到时间表啦。这一步非常关键，如果不把每个时间段干什么事情安排好，你很可能在不知不觉间把时间全都花在玩电子游戏或看电视上了。

具体怎么做呢？简单来说就是把你的方法填到你之前制作的时间表里，而这份完整的时间表呈现的就是你每天的计划，比如在周二晚上 8 点至 9 点读英语故事书。

散步	做作业	听英语广播
30 分钟	1 小时	30 分钟

第四步：执行

至此，你已经制订好了计划，接下来就要努力执行啦！知道应该朝哪个方向努力奔跑的人肯定能比其他人更快到达目的地。

例如，你以前读完一本书需要一周的时间，有了计划以后，你可能因紧迫感而提高专注程度，从而加快阅读速度。

又比如，一开始你可能怎么努力都不能按时完成作业，但有了计划并坚持执行下去，你可能每天除了完成作业，还有时间复习和预习呢。就是这么神奇！

慢慢地，你可能会发现，每天大喊大叫让你学习的妈妈竟然变得和颜悦色，而每完成一个计划的满足感和成就感也会支撑着你继续努力完成下一个计划。

总之，相信自己，全力以赴！

好，我来啦！

第五步：反思

如果你有一天没有按时完成计划呢？没关系，只要竭尽全力，你的能力终究会得到提升。不过，这个时候你需要反思一下。

"这个计划为什么没有完成？哎呀，是我太贪心了。""一大早就起来学习，我太困了，还是应该按照我的作息习惯制订计划，我晚上学习效果更好。""学习的时候我一直在玩手机，人虽然坐在书桌前，但是什么都没学进去。"要经常像这样分析自己没有按时完成计划的原因，反思是什么阻碍了计划的完成，而自己又该怎么做来改变现状。

别人的衣服再漂亮，穿在你身上也不一定合适。同样的道理，别人的计划再完美，也不一定适合你。因此，你要及时认真总结、反思，看自己制订的计划是否适合自己，以及思考如何才能更好地完成计划。

时间不够用的松雨

明天要考试，还要打扫卫生……

听完建学介绍的制订并完成计划的方法后，松雨陷入了沉思，连春天来了都没注意到。

"听君一席话，胜读十年书！建学，太感谢你了。"

有了建学的指点，松雨终于知道接下来该怎么做了。她按照"设定目标—确定方法—安排时间—执行—反思"这五个步骤制订当天的计划并努力完成。晚上睡觉前，她心中充盈着满足感和对实现梦想的憧憬，终于明白了春天和建学刻苦学习、以学习为乐的原因。不过，松雨发现她计划要做的事情太多了，时间根本不够用。

"没准春天和建学知道怎么办，我明天问问他们！"

带着满满的期待，松雨渐渐进入了梦乡。

第二天，松雨一大早就精神抖擞地背上书包去学校了。今天，她一定要解决时间不够用的问题。

"看来老天都在帮我，前面不就是春天嘛！她旁边的人是谁？"松雨仔细一看，发现是春天的姐姐蔡妍！

蔡妍从小学到初中一直稳坐全年级第一名的宝座，春天也是逢考必拿第一，姐妹俩在学校里备受瞩目。

"春天、蔡妍姐姐，早！"

"啊，是松雨！"

春天和蔡妍看见松雨，都很高兴。

"松雨，听说你最近学习特别认真？春天一直把你挂在嘴边夸个没完，你的表现真是太让我惊讶啦！"

"没有她说的那么夸张，多亏了春天，她教的方法很好用。不过，和你们比起来我还差得远呢。对了，蔡妍姐姐，我为什么总觉得时间不够用呢？感觉一天好短呀。"

"哎呀，松雨的变化真大！好，我来告诉你成为'时间富翁'的秘诀！"

善用
零碎时间

找出零碎时间

将平时不经意间浪费的零碎时间利用起来，你也可以成为"时间富翁"。

上下学路上的时间、课间、饭前饭后的时间……这些零碎的时间非常容易被我们忽视，我们可以把这些时间充分利用起来。

虽然每一段零碎时间都不长，但是一天的零碎时间加在一起可不短！

从早自习算起，每天的所有课间加在一起超过一小时，除必要的休息和做课前准备占用的时间之外，其他时间都可以利用起来。中午和晚上除去吃饭、洗漱等占用的时间外，怎么也还有一小时吧？从躺到床上到入睡，中间有10分钟吧？一天里类似的零碎时间加在一起有两三个小时，你是不是每天都让这两三个小时悄悄溜走了呢？

利用零碎时间

你可以利用零碎时间学习外语。你如果想学好英语，可以随身携带一个便携式播放器，在零碎时间用它听简短的英语新闻、有趣的英语情景广播剧等，这么做有助于提高你的英语听力水平。

这样练习一段时间后，你会发现自己的英语听力水平不知不觉提高了，虽然你还会遇到听不懂的生词，但是你的整体语感将得到显著提升。

我曾经特别喜欢在走路的时候练习英语口语。我会想象自己在和一个人用英语聊天，把我的想法和感受都用英语表达出来。我的英语口语水平因此提高了不少。

我还在坐地铁或公交车的时候背英语单词或知识点，我习惯将自己没有掌握的英语单词和知识点记在小本子上随

身携带，平时背英语单词，考试前就背整理好的知识点。神奇的是，我利用零碎时间记忆的东西，反而记得更牢、更久。

　　还可以利用零碎时间写日记、读课外书等。养成利用零碎时间的习惯后，你会发现你的人生在慢慢改变。

　　快把你的零碎时间利用起来吧！

利用零碎时间

列一列，做一做！

零碎时间	所做的事情
等公交车、地铁的时候	听英语新闻、英语情景广播剧等，练英语听力
独自走路的时候	用英语描述周边的环境、此刻的心情和想法、第二天的计划等
乘坐公交车、地铁的时候	背英语单词、英语知识点、数学公式等，读课外书
早晨到校后、上课前	制订一天的学习计划
晚上睡觉前	完成作业，复习

有关时间的名言

最不善于利用时间的人最爱抱怨时光短暂。

——拉布吕耶尔

很多孩子常常抱怨"时间太少了！"，但又在不断挥霍时间：拿着电视遥控器不停地切换频道，发现有意思的节目就看个没完没了；一玩电子游戏就停不下来，两三个小时过去了也浑然不觉。

其实，一个人拥有的时间并没有想象中的多。随着年龄的增长，你拥有的时间越来越少。所以，不要虚度光阴，好好珍惜时间吧！把曾经忽视的零碎时间合理利用起来，一个月、半年、一年后，你的变化肯定会让你大吃一惊！

第三章

向着梦想
前进

计划要清清楚楚列出来

学习一向是松雨不喜欢的事情。虽然每当被人问起以后想要从事什么职业，松雨都会回答"厨师"，但松雨并没有深入思考过这个问题。她想成为厨师，不过是觉得做饭比学习有意思，她在这方面更容易得到别人的夸奖而已。

以前，松雨放学后一回到家就看电视，吃完晚饭就无所事事，第二天早上无论妈妈叫多少次都不能按时起床，每天都踩着上课铃声走进教室，作业不按时完成，上课不认真听讲，经常在课桌下搞小动作被老师逮住。

可是，自从她做了一个梦，梦见自己成了一位特别厉害的厨师，一切都变了。现在的松雨又是列行动清单，又是确定年度目标，还向春天、建学和蔡妍姐姐讨教学习的秘诀，她渐渐成了在学习上经常得到表扬的孩子。

松雨的巨大变化不仅让身边的同学和朋友大吃一惊，也让妈妈和老师惊喜不已，并且对她夸奖不断。

松雨又激动，又惊喜。不过，她时常自我怀疑：这样订计划好不好？这样做对吗？我真能成为世界顶级厨师吗？有些苦恼的她，决定向好朋友春天请教。

"春天，我真的不知道自己擅长什么。虽然在你、建学和蔡妍姐姐的帮助下我制订了计划，可是执行计划对我来说太难了。"

"难就对了，我也觉得坚持执行计划很难。其实你现在已经做得很好了。你真的还是我认识的那个金松雨吗？你太厉害了！"

"别拿我寻开心了，我和你说正经的呢。"

"我没有开玩笑，你最近表现得有多好，你自己还不知道吗？我都开始紧张了，你不会要夺走我第一名的宝座了吧？不过，既然你是我最要好的朋友，我就再偷偷告诉你一些能让你更好地完成计划的秘诀吧。"

"计划，要清清楚楚列出来。"

"清清楚楚？"

"嗯，清清楚楚地列出'聪明'的计划。"

"聪明？"

"对，聪明！这是我在书里发现的秘诀。"

"仔细说说。"

"你知道'聪明'的英文单词怎么拼吗？"

"S–M–A–R–T？"

"对，秘诀就藏在这 5 个英文字母里！"

Measurable

Achievable

Realistic

Specific

Time-limited

制订
"聪明" 的计划

"聪明" 的计划是明确、具体的计划

S 是英文单词 Specific（明确的；具体的）的首字母。计划要订得明确、具体。如果只是列诸如认真学习、考第一名、学好英语、学好数学等笼统的计划，实现的可能性很小。那么，什么样的计划是明确、具体的呢？每天自学 2 小时、记住 20 个单词、完成 10 道数学题……这样的计划才是你应该列的。

"聪明" 的计划是可度量的计划

M 是英文单词 Measurable（可衡量的；可度量的）的首字母。"聪明" 的计划是可衡量、可度量的。也就是说，计划完成得怎么样有明确的评判标准。如果你的计划是"运动"，那么在操场上跑一圈是运动，踢一小时足球也是运动，你怎么评判自己的计划完成得怎么样呢？制订无法衡量完成度的计划，结果肯定不理想。

如果把"运动"改成"跑步半小时""在操场上跑7圈"之类可以明确衡量完成度的计划，结果肯定会大不相同。即使最后计划没有完成，你也可以轻松判断自己在哪些方面存在不足，需要多加努力。

"聪明"的计划是可以完成的计划

A是英文单词Achievable（可以完成的）的首字母。"聪明"的计划是可以完成的计划。

"每天做完1本习题集""为了提高学习成绩，每天只睡4小时！"……这样的计划到底能不能完成呢？你坚持一天可能都非常费劲。

要制订你可以完成的计划，也就是说，在制订计划的时候你要把自己的做题速度、健康状况等因素都考虑进去。记住，制订计划时不要贪多、贪全，重要的是评估你能否坚持执行。

"聪明"的计划是符合现实的计划

轮到字母R了，R是英文单词Realistic（现实可行的）的首字母。

一天中你真正可以自由支配的时间其实并不多。每天除去吃饭、睡觉、上课等占用的时间，你可以用于自主学习的时间是有限的，因此要制订现实可行的计划。

"聪明"的计划是限定时间的计划

终于轮到最后一个字母啦！T 是 Time-limited（有时间限制的）的首字母。"聪明"的计划是有时间限制的计划。如果你突然被告知明天就要考试，你的学习效率是不是会变得特别高？

所以，不要急于将目光放在年度目标上，而要试着将年度目标转化为一个个短期计划，比如周计划和日计划。制订短期计划会让你产生紧迫感，有助于你集中精力，提高效率。

执行短期计划好比进行百米赛跑，你必须全程拼尽全力。

别总把时间浪费在后悔上

松雨是一个特别容易后悔的孩子。她以前不喜欢学习，也不喜欢做作业，所以提到做作业就拖拖拉拉，有时候甚至会把作业抛之脑后。可是，在被老师批评后，松雨又总是追悔莫及，频频表示"我一定改正"，事后却依然如故。

如果在考试前一天发现还有好多知识点没有复习，松雨就会后悔："哎呀，我要是早点儿开始认真学习就好了。""唉，真想在明天的考试中一鸣惊人，让大伙儿刮目相看，要是我一周前就打起精神好好复习该多好哇！""只要再给我一周……""只要再给我一天……""只要再给我10分钟……"……

松雨常常这样后悔、惋惜。5分钟，10分钟……时间就这样溜走了。

松雨觉得自己总是后悔实在太愚蠢了，所以暗暗决心"再也不这样了"！

即便这样，松雨每逢交作业或交考卷的时候，还是会感到后悔："如果再早点儿制订计划……""如果更努力点儿……""如果时间安排得更紧凑点儿……"……

"我已经很努力了，问题到底出在哪里呢？"松雨郁闷极了。

这天，老师把同学们分成几组，让大家以"如何与自然相处"为主题进行调查并讨论。每组都要提交3张以上的图片，并做好上台发言的准备。松雨和春天、建学分到了一个组。

"松雨、春天，一会儿下课后我们一起去图书馆吧。"

"好！"

松雨和春天异口同声地回答。松雨真是越来越崇拜聪明、会制订计划，还乐观开朗的建学了。"既然和建学分到了一组，我待会儿就把自己的烦恼向他倾吐一下吧。"

下课后，松雨和春天、建学一起往图书馆走去。今天似乎是松雨的幸运日，她在路上遇到了好多好朋友。看，小卖部门口站着的不正是蔡妍姐姐吗？

"大家好！"

"蔡妍姐姐！"

"啊，蔡妍姐姐，你好！"

大伙儿高兴地互相打了招呼，一起到小卖部里买了些饮料和零食。蔡妍突然问松雨："对了，松雨，你最近计划完成得怎么样啊？"

"蔡妍姐姐，我按照上次春天教我的方法，每天制订详细的计划，并且坚持执行，可是我总感觉哪里有问题，具体的我又说不上来。"

"能有这样的切身体会，说明你真的在认真执行计划并用心反思。有句话说得好，'没有计划等于计划失败'。你能够每天制订计划已经很棒了！你现在的问题可能是还不能通过制订计划合理地安排每一天需要做的事情。怎么合理地安排呢？我来告诉你吧！"

47

每周花 1 小时
制订周计划

　　试着每周抽出 1 小时来制订下一周的计划。最好利用周日晚饭后的时间。尤其是学习有困难的同学，更应该利用这段时间认真制订周计划，为未来的成功添砖加瓦。

　　那么，如何制订周计划呢？

　　第一步，你需要全面回顾、分析、总结过去一周的计划完成情况：计划是否完成了？哪个时间段注意力不集中？哪一天因为什么原因学习效率低下？……只有这样，你才有可能制订出更完善、更合理的周计划。

　　第二步，你需要确认特别的事情和日子，比如什么时候交什么作业、哪天开运动会、哪天参加朋友的生日派对等。在这个时候，你只需要确认当月要做的事情就行了，一个月之后的事情发生变化的可能性很大。你可以把列当月要做的事情理解为制订月计划。

确定好当月要做的事情后就可以制订周计划了。怎么做呢？这在前文其实已经有所涉及了。首先，你要确定这一周里每门课的学习目标、一周的阅读书目、一周的运动以及其他需要做的事情。之后，就该安排任务的具体执行时间和任务量了。这时候你需要谨记：尽量将一周的任务合理地安排在周一到周日的每一天，并且每天的任务最好是不同的。

每天学校的课程不一样、老师布置的作业不一样，偶尔还会遇到特别的事情。根据时间表确定一周里不同任务的完成时间，并且明确具体的任务量，一个"聪明"的周计划就制订好了。

像这样做完之后，你会发现自己更容易完成计划了。赶快试试吧！

松雨的月计划

星期日	星期一	星期二	星期三	星期四	星期五	星期六
		写作业 学英语 学数学 帮妈妈做饭 读课外书	写作业 读课外书	写作业 学语文 学数学 帮妈妈做饭 读课外书	写作业 读课外书	学英语 学数学 读课外书 家庭聚餐
晨读 做饭 去书店 运动	写作业 读课外书	写作业 学英语 学数学 帮妈妈做饭 读课外书	写作业 读课外书	写作业 学英语 学数学 帮妈妈做饭 读课外书	春天的生日 写作业 读课外书	休息 去图书馆 写读后感 学英语 学数学
运动 和家人出游	写作业 读课外书	写作业 学语文 学数学 帮妈妈做饭 读课外书	写作业 读课外书	写作业 学英语 学数学 帮妈妈做饭 读课外书	写作业 读课外书	写读后感 学英语 学数学
晨读 去朋友家玩 做饭 运动	写作业 读课外书	写作业 学英语 学数学 帮妈妈做饭 读课外书	写作业 读课外书	写作业 学语文 学数学 帮妈妈做饭 读课外书	写作业 读课外书	休息 和朋友一起 看电影 去书店
晨读 做饭 运动	我的生日	写作业 学英语 学数学 帮妈妈做饭 读课外书	运动会 读课外书			

_____ 的月计划

大家来试试吧！

星期日	星期一	星期二	星期三	星期四	星期五	星期六

51

松雨的周计划（___月第___周）

本周计划学习时间 **21.5** 小时   实际学习时间 **19** 小时

自我激励	我一定能做到！没有什么能阻挡我前进的脚步！ 我一定行！

本周计划		
任务	**具体方法和计划**	**完成情况**
每科考试成绩达到 90 分	★上课认真听讲，认真做笔记 ★利用课间和午休时间复习、预习	⊕
读课外书	★睡前阅读半小时 ★周六写读后感	⊕
学英语	★周二、四、六读半小时英文版《小王子》 ★晚饭后看半小时无字幕版英语动画片《美女与野兽》 ★周末从头到尾看一遍《美女与野兽》	⊕
学数学	★周二、四、六做半小时与小数的乘法、分数的除法有关的练习题	⊕
做饭	★周二做辣白菜和大酱汤；周四做鸡蛋卷 ★周末做石锅拌饭	⊕
保持健康和苗条	★每天早上步行去学校 ★提前 15 分钟出发，步行去上兴趣班	⊕

大家来
试试吧！

_____ 的周计划（___ 月第 ___ 周）

本周计划学习时间 ___ 小时　　实际学习时间 ___ 小时

自我激励		
	本周计划	
任务	具体方法和计划	完成情况
		⊕
		⊕
		⊕
		⊕
		⊕
		⊕

每天花 10 分钟
制订日计划

　　每晚上床睡觉前的那段时间最适合用来制订日计划。在制订第二天的计划之前，回想一下当天的计划是否都认真执行了。

　　与周计划相比，日计划更详细。几点起床、几点吃饭、几点开始学习、几点开始读课外书……这些都需要确定下来。

　　注意，日计划需要你结合自身的实际情况来制订，最适合自己的才是最好的。好啦，试着花 10 分钟来制订一份日计划吧！

松雨的日计划

月　　　日　　　星期

计划学习时间	实际学习时间	总体完成情况
3 小时	小时　　分钟	⊕

任务	学英语、数学，写作业，读课外书，帮妈妈做饭

今日目标：完成上述任务				
开始时间	结束时间	任务	具体内容	完成情况
8:10	8:30	上学	8点10分出发，步行至学校，路上听英语广播	☐
15:20	15:50	学英语	看无字幕版英语动画片《美女与野兽》	☐
16:00	16:30	学英语	阅读英文版《小王子》	☐
17:00	17:30	学数学	做与小数的乘法相关的习题	☐
17:30	18:00	帮妈妈做晚饭	做辣白菜和大酱汤	☐
19:00	20:00	写作业	社会①：比如"我国的地形有什么特征？"语文：比如"写一篇小作文。"	☐
20:30	21:00	读课外书	阅读《鲁滨逊漂流记》	☐

今日总结	
做得好的地方	做得不好的地方

今日感悟	
本周箴言	认真制订并完成计划是最快乐的！

①韩国小学生的社会课相当于中国小学生的道德与法治课。——编者注

爱上课堂

呀，下课啦！

好的！

想起来了！

啊！

松雨渐渐有了自信，有了一种自己马上就能成为计划达人的感觉。要知道，以前松雨脑海里"我学习不好"的想法可是根深蒂固的！

现在，每天坚持制订计划的松雨觉得自己不再是学习不好的孩子了。她希望自己能坚持下去，考一次全班第一，得到一句"松雨学习真棒"的夸奖。

松雨发现，班里第一名和第二名在学校的表现和以前自己的表现确实不一样。松雨以前上课的时候总是走神，注意力不集中，一会儿玩玩这个，一会儿鼓捣鼓捣那个；人家呢，整堂课都在认认真真地听讲、做笔记。

"他们到底是怎么做到的？我直接去问建学，他会不会嘲笑我？"松雨实在太好奇了，最后还是决定向建学请教。

"建学，你上课的时候都在想什么？"

"啊？你怎么突然问这个？"

"我以前上课好像都没有认真听讲，上节课看到你和春天一直很专注，所以想请教一下。"

"松雨，你的变化真大！你现在问我的样子就很认真啊。上课认真听讲是取得好成绩的基础。你还记得我之前讲过的制订并完成计划的第二个步骤吗？就是确定方法。听课也讲究方法。我有一套让自己在课堂上保持专注的方法，你想不想知道？"

"当然想！"

"我们每天要在学校里待大约 8 小时。一天一共 24 小时，在学校里的时间可是占了一天的 1/3 啊。这么多的时间，不好好规划和利用肯定是不行的。如果总是把'我讨厌学习'挂在嘴边，就会在不知不觉间真的讨厌学习。所以要不断地暗示自己：我喜欢学习，学习很有趣！我能认真听讲的秘诀是——享受课堂时光。"

享受
课堂时光

提前准备上课要用的东西

每天到校后，我都会把当天要用的课本按上课的顺序放到课桌里，各门课的笔记本、错题集也分门别类地放好，充分做好课前准备。

你听说过"细节决定品质"这句话吗？课前是否准备充分可能决定你课堂学习的效率。提前准备好上课要用的东西，营造一个良好的学习环境，会让你听课时更加自信，而自信会激发你的学习兴趣。

做课前"闪电侠"

距离上课还有 3 分钟的时候，我会像"闪电侠"一样，飞快地回到座位上，准备上课。

在这 3 分钟里，我会提前浏览这节课要学的新内容，推测这节课老师要讲的知识点。

如果在浏览的过程中产生了疑问，我会把疑问写在课本上的空白处，然后带着疑问去听课，下课的时候这些疑问基本就不复存在了。如果偶尔有"漏网之鱼"，我就在下课后立即向老师请教。总之，我会在当天把问题解决掉。

上课时注意力集中在老师身上

我听老师讲课的时候一般只关注两个地方：老师的眼睛和嘴巴。你知道吗？其实上课也是一种对话——老师和学生的对话。你想象一下，当你和朋友讲话的时候，那个朋友不看着你，反而东张西望，他是不是有可能没听清楚你所说的

内容？而你是不是没有和他继续讲下去的心情了？

上课同样如此。老师在讲课的时候，你不看着老师，一会儿看看窗外的风景，一会儿神游天外，一会儿偷偷看与上课无关的东西，一会儿和同学传纸条……这样你当然听不进去老师讲的内容。

我在上课时会一直盯着老师，偶尔和老师进行眼神交流，确保不遗漏老师说的每一句话。我不单会记下老师强调的重点，有时甚至连老师讲的特别好玩的笑话都会记下来。像这样注意力全都集中在老师身上，我就一点儿也不觉得无聊了。

下课后即刻复习

有的同学下课后就立即站起来活动，而我不会。我在课前是"闪电侠"，但下课后就不是了。我会快速过一遍课堂笔记和课本，确保自己掌握了老师在课堂上讲的所有知识点。

你觉得我不可能在这么短的时间内做这么多事情？其实是你把这件事想得太难了。老师一堂课讲的内容并没有你想象的那么多，所以我很快就可以复习完。

复习完之后，我会在书本相应的页面夹一张书签，然后把书本放到课桌里，这样下次上课的时候一下子就能翻到那一页了。把这些都做完，我才会站起来活动。

放学前再复习一遍当天学习的内容

放学后，很多同学都急着回家，而我会把放在课桌里的书本拿出来，再过一遍当天所学的知识点。

"对了，老师在课堂上强调这里非常重要。""这是个难点。""啊，针对这个知识点，老师留了作业！"我会一边看，一边将老师在课堂上讲的内容像放电影一样在脑子里过一遍。

不这么复习的话，到考前复习的时候，你对这些知识点的印象可能会变得非常模糊。而像这样每天花一点点时间复习的话，时间长了，你就会发现自己的记忆力好得连自己都不敢相信。

成绩单

语文	数学	科学	社会
100	100	100	100

第四章

积极备考，提高成绩

明天就要考试了，我该怎么办？

我想考高分！

我们为什么要学习呢？天天开开心心地玩不好吗？为了出口成章？为了得到老师和家长的表扬？为了不挨训？还是为了在朋友面前有面子？……

松雨心中的疑问真是太多了。

我们学习，是为了成为更好的自己，是为了让自己的生活变得美好且有意义。一名顶级厨师不仅要厨艺超群，还要博学多才。为了实现自己的梦想，我们更是必须努力学习。

松雨希望在即将到来的考试中检验一下这段时间的学习效果。她想早点儿知道自己按照计划学习之后能否真的提高成绩。

"考前复习该从哪里入手呢？"

松雨知道考前要复习，却不知从何处着手。

"唉，我还是向春天请教一下吧。"

松雨很庆幸有春天这个好朋友，她拨通了春天家的电话。

"春天，是我。"

"哦，是松雨啊！什么事？你是要问老师今天留了什么作业吗？"

"不是，作业我一回家就写完啦。"

考试目标

100分 | 第一名

65

"哇，金松雨，你太棒了！今天在学校老师还跟我说，你最近学习特别努力。我对老师说，你会越来越棒的。"

"是吗？谢谢。看在你这样帮助我的分上，我要更加努力学习。我打电话是想向你请教，下个月就要考试了，我该怎么复习。我一想到考试就头疼，我想在考前好好准备一下。可是要怎么准备呢？我完全没有头绪。"

"松雨，你的变化真是太大啦。你问得很及时，现在开始备考完全来得及。我和姐姐每次都是提前三周开始准备的。"

提前三周
制订备考计划

你如果能够合理利用考试前的一段时间，成绩很容易提高。制订三周备考计划，并且按照计划复习，你会发现效果非常明显。下面我就来告诉你在考试前三周如何制订四阶段的备考计划！

第一阶段　设定考试目标

有目标的人和没有目标的人，将目标写下来并且经常反思的人和写完目标就抛之脑后的人，成绩差异巨大。你可以把你的目标分数写在笔记本上，时不时翻出来看一看，提醒提醒自己。

登山者在登山之前会了解山的高度。就算山再高，登山者也会确定方向和目标。考试也是如此，你在制订备考计划时也要有方向和目标。

松雨的考试目标

	上次考试分数	这次考试目标分数	差距
语文	80	92	+12
数学	68	84	+16
科学	68	88	+20
社会	76	88	+12
平均分	73	88	+15

大家也来设定备考目标吧!

	上次考试分数	这次考试目标分数	差距
语文			
数学			
科学			
社会			
平均分			

第二阶段　确认考试重点

一般情况下，考试前老师会在上课时透露考试的重点。所以，想在考试中取得好成绩，考试前一定要集中注意力听讲，不放过老师提到的任何知识点。

"大家都知道这部分是重点吧？""同学们，这个地方容易出错，千万仔细点儿。"听到老师说这样的话，你就要及时做好标记。这样你就可以确认大部分考试重点，知道考试范围了。

你如果不清楚考试范围，复习时就抓不住重点，从而错过考试的重点。

第三阶段　制订具体的复习计划

考试前三周要做的最重要的事情之一，就是制订具体的复习计划，这需要你做到以下六点。

❶ 列出各门科目的考试范围以及准备复习要用到的资料。各门科目的课本肯定要用到，课堂笔记、同步练习册、老师发的复习资料、单元检测试卷等也要一一准备好。把这些资料都准备好，你才算迈出了备考的第一步。

科目 ▼	考试范围 ▼	复习资料 ▼
语文	课本第 1 ~ 73 页	课本、同步练习册、课堂笔记、考过的试卷
数学	课本第 1 ~ 56 页	课本、老师发的资料、习题集、考过的试卷
科学	课本第 1 ~ 35 页	课本、同步练习册、课堂笔记、打印的资料、习题集、自己整理的重点、考过的试卷
社会	课本第 1 ~ 73 页	课本、同步练习册、课堂笔记、老师发的资料、习题集、自己整理的重点、考过的试卷

大家赶快列出考试要用到的复习资料吧！

科目 ▼	考试范围 ▼	复习资料 ▼
语文		
数学		
科学		
社会		

❷ 以周为单位制订复习计划，以天为单位认真执行计划并进行自我评估。再以本周计划的完成情况为依据调整下一周的计划。没有完成和提前完成的任务，都要在时间表上标记出来。

❸ 根据各门科目的学习情况分门别类地制订复习计划。例如，平时在数学上花的时间很多，数学成绩不错，没有太多需要复习的内容，那么复习数学时可以少费一些功夫。反之，如果数学是你的"老大难"科目，你就需要投入更多的时间和精力来复习数学了。仔细评估自己各门科目的学习情况，并以此为依据有针对性地制订复习计划。

❹ 主要科目和自己较薄弱的科目要优先复习。美术、音乐、体育等科目即使需要复习，内容也不会太多。相比之下，语文、数学、科学、社会等科目要复习的内容更多，需要花费的时间也更多。制订复习计划的时候这些因素都要考虑进去。

另外，如果你的薄弱科目是主要科目，那么你要投入更多的复习时间。

每天着重复习薄弱科目。

⑤ 要尽可能准确地预估每项任务所需的复习时间。随着复习的深入，你对每项任务所需时间的预估会越来越精准。起初，对于一小时能复习多少知识点，或者复习一个单元的内容需要多长时间，你可能估算不准，但是慢慢地你就能估算得八九不离十了。

⑥ 在一天中留出少量机动时间，也就是在你的时间表上留一些空白。虽然把时间表填满会让你的生活看上去很充实，但这么做并不可取。一方面，将每一天都安排得满满当当的，可能导致你每天的计划都难以全部完成，而这会打击你的积极性，让你坚持一两天后就不得不放弃。另一方面，你可能遇到突发事件。例如，你某天可能突然身体不舒服，或者突然有很重要的事需要立刻去做。所以，在时间表上留出至少3小时的机动时间！

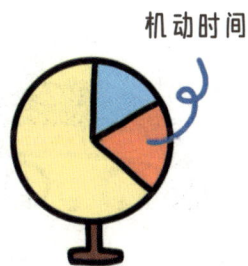

机动时间

第四阶段　及时总结和反思

老师经常会说，总结和反思强调多少次都不为过。只顾埋头做题而不去思考为什么做错的人，下次碰到类似的题目还是会出错。

及时总结和反思可以让你避免再犯同样的错误。在考试前三周，每天都要进行总结和反思：今天有没有认真执行计划？计划完成得怎么样？

总结和反思的结果可以通过标记的形式体现在时间表上。如果计划完成得很好，就标上"○"；如果计划只完成了一半，就标上"△"；如果计划一点儿都没有完成，就标上"✕"。你还可以把已经完成的划掉，保留没完成的；或者把完成的用红笔标记出来，用蓝笔标记没完成的……总之，用你喜欢的、习惯的标记显示计划的完成情况。这些标记不仅

能使你的计划完成情况一目了然，还能激发你的学习热情。

如果有任务没有完成，那么你需要在总结和反思的时候将它们安排到时间表的其他时间段，比如利用第二天的机动时间完成它们。尽最大努力去执行考试前三周的复习计划吧。

有的任务实际花的时间可能比你预计的多，而有的任务实际花的时间可能比你预计的少。有时，你会发现自己提前完成了任务，那么多出来的时间你就可以用来做自己想做的事情了。

总结和反思的作用非常大。你总结和反思得越多，就越容易完成计划，你的机动时间也就越多。

考前三周 提分秘诀

理解！

　　和春天通完电话，松雨感觉内心又充满了信心和力量。

　　"嗯，按照春天说的，我要认真制订和执行复习计划，并及时总结和反思！这样我各门科目的考试成绩肯定都能提高！金松雨，加油，加油！"

　　松雨十分感激春天，她现在高兴得想跳舞。

　　丁零零，电话铃响了。

　　"喂？哪位呀？"

　　"松雨，你现在有空来我家一趟吗？"

　　是刚刚跟松雨通过电话的春天。

　　"我姐姐刚到家。我和她说了你的情况，她说如果你有时间就来我家一趟，她要将考高分的秘诀传授给咱俩。"

"太好了！有你这样的朋友，我真是太幸运了！"

松雨一路小跑来到春天家，蔡妍和春天热情地迎接了她。

蔡妍和春天的爸爸妈妈因为工作忙，很晚才下班。她们姐妹俩不单学习成绩好，还会做饭、洗衣服、打扫卫生，因此得到了邻居们的满口称赞。

"你看看隔壁的蔡妍。""多和春天学学！"这些话不知多少孩子听得耳朵都快生茧了。松雨以前很反感大人们这样说，可是她现在迫不及待地想向蔡妍和春天学习，想和她们一样优秀。

"松雨，我一直想在考试前和你聊聊。咱们先吃晚饭，吃完再聊吧！"蔡妍高兴地说。

蔡妍和春天姐妹俩做的饭味道真不错。吃完晚饭，松雨忍不住嘀咕道："学习成绩好，做饭也好吃，难道蔡妍姐姐和春天也想当厨师吗？"

"春天已经告诉你如何制订备考计划了吧？我最可爱的两个妹妹，下面，我就要传授考前三周提分秘诀了哟！"

前一周

倒数
第二周

侧重于
理解知识点

倒数
第三周

理解了!

考试前倒数第三周：侧重于理解知识点

在这一周里，复习要以课本、课堂笔记、同步练习册等为主，对各门科目的内容进行系统全面的梳理。先不要忙着做大量的练习题，而要把基本的概念和原理全都弄清楚。

有的同学考前临时抱佛脚，因为时间仓促而省略了"理解知识点"这一步，直接死记硬背，结果考试的时候发现大脑里一片空白，什么都想不起来了。

有的同学认为背诵知识点才是最有效的复习方法，但其实理解了知识点的话，不背诵也是可以的。当然，能在理解的基础上背诵就更好了，你们会记得更快、更牢。

像社会、科学这样的科目，你们可以在系统梳理、透彻理解的基础上，对知识点进行整理、总结，制作自己的专属笔记。这样，当你们在后续复习过程中遇到问题或者要背诵的内容太多时，专属笔记就会派上用场。

复习时，遇到课本上没有但复习资料中出现的知识点，你们也可以将它们记到笔记本上。这样做既能拓宽知识面，又能加深你们对知识点的理解与记忆。

考试前倒数第二周：侧重于做题

当还有两周就要考试的时候，你们会发现教室里的氛围开始紧张起来，连之前光顾着玩的同学都开始把更多的精力放到学习上来了。

在这一周里，你们要开始做题了。和做没做过的练习题相比，重做已经做过的练习题更重要。

你们平时在做选择题的时候一般怎么写答案呢？在选项序号上直接打钩，还是在题目前面写答案？我建议你们在离题干稍远的地方写答案，这样等到复习的时候，你们就可以将答案遮住再做一遍了。

遇到完全不会做的题目时，要做好标记。遇到容易出错的题目时，也要做好标记。做标记要分门别类，你需要用不同的标记表示不同的情况。将这些题目都弄懂后，考试前一天再拿出来看一遍，强化记忆。

认真做题，仔细检查。最好不要一边解题一边检查，把所有的题目都做完再一起检查效果更好。

　　如果发现有做错的题目，一定要认真看答案解析，然后把做错的题目抄写到错题本上再做一遍。反复出错的地方要标记出来，好好分析，确保自己真的弄懂了。不然，下次你们有可能会郁闷地发现自己又做错了类似的题目。

倒数
第二周

考试前一周：侧重于重复记忆

还有一周就要考试啦！这个时候你们可能会发现一个奇怪的现象，那就是经过前两周的认真复习，你们的心情没有想象的那么紧张。如果担心自己仍然会很紧张，那就继续往下听吧！

保持适度的紧张感比完全不紧张要好。你们不妨这样想：我已经努力复习了，该掌握的知识点都掌握了，再坚持一周，也许目标就能实现了。怎么样？是不是感觉好些了？

考前一周的复习要更加有针对性。

首先，主要复习课堂笔记，同时把老师发的复习资料再认真看一看。课堂笔记记录的是老师在课堂上整理出的重点，

所以考试考到相关知识点的概率非常大。想象一下，你们如果是出题老师，是不是也会重点考查学生有没有掌握课堂上讲的重点呢？

其次，再通读一遍课本。复习完第一轮之后，课本上可能还有你们没有注意到的内容，再读一遍课本也许会让你们有新发现。

你们如果在之前的复习过程中整理出了自己的专属笔记，这个时候也要拿出来再认真地看一遍。为了加深印象，最好再把按科目整理好的小测验的试卷过一遍。

最后，再复习一遍每门科目的重点、难点以及你们曾经做错的题目。复习错题时，不要光用眼睛看，而要像第一次做一样将题目再做一遍，这样印象才更深。

做完这些，考前最后一周差不多也快结束了。把考试前一天空出来，我另有安排。

传说中的终极高分秘诀

叮咚！叮咚！

门铃响了。

"妈妈回来啦！"

蔡妍一看时间，发现已经八点多了。松雨竟然一听就听了两个多小时。春天也一样，认真得连眼睛都不眨一下。松雨和春天互相看了一眼，会心一笑。

松雨跟蔡妍和春天的妈妈打了声招呼就准备回家，后者却和蔼地说："松雨，吃点儿水果再走吧！阿姨本该给你做好吃的，可是我今天太忙，回来晚了。我和你妈妈经常通电话，你妈妈说她感觉你最近好像变了一个人呢，哈哈！不用担心回去太晚会挨骂，再玩一会儿吧。"

蔡妍和春天的妈妈和蔼可亲，她从松雨很小的时候就很喜欢松雨，特别关照松雨。因此，松雨格外喜欢她。

"正好我还要传授你们一个秘诀。嗯……就叫它'终极高分秘诀'吧。去我的房间，咱们继续说。"

三个小姑娘一同进了蔡妍的房间。

"姐姐，你竟然还有秘诀？真是太厉害了，我对你的崇拜之情犹如滔滔江水连绵不绝！"

"只有在这个时候你才这么崇拜我吧？"

三人发出银铃般的笑声。

"你们说什么呢，这么开心？吃点儿东西吧，边吃边聊。"

蔡妍和春天的妈妈放下水果和点心就离开了。

"好啦，我们开始吧！"

"哇！"

"要想在考试中超常发挥，需要把考试前一天和考试当天好好利用起来，还要掌握考试的技巧，熟知注意事项。如果平时学习很认真，也努力复习了，却因为各种原因在考场上没能好好发挥，那就太可惜了。"

奋战到
考试的最后一秒

时间表

考试前一天

考试前一天，你们要把学过的内容再快速复习一遍。如果这时候发现还有没复习到的知识点，就立刻去复习。

我在考试前一天会再快速浏览一遍课本、专属笔记本、错题本。另外，我会提前把之前的错题在这一天再做一遍。

考试当天

考试当天，保持平和的心态很重要。因为太紧张而考试发挥失常的例子并不少见。记住，过于紧张会影响你们正常发挥。

对了，开考前可以再看一看专属笔记。有些同学在考试当天带了一堆书去学校，可是哪有时间看那么多书呢？

所以，与厚重的课本、同步练习册等相比，你们自己整理的专属笔记在此时更有用。开考前通过看专属笔记巩固一下重点、难点、易错点以及你们没有记牢的知识点即可。

考试时

拿到试卷后，先整体浏览一遍，对试卷的结构有一个大致的了解，这有助于你们合理分配答题时间。

接着，从头开始答题。答题要从简单的、会做的题目开始。需要注意的是，遇到不会做的难题，可以做上标记后跳过它，继续做下一道题。如果一开始就和难题缠上了，不光会浪费宝贵的答题时间，还会让你们丧失信心，从而影响后面的答题。因此，要先把会做的题目都做完，再回头对付那些难题。

最后，做完试卷后仔细检查，力争尽善尽美。有些同学答完题后满不在乎，即使有时间也不检查，直接就交卷了。这可不是一个好习惯。如果时间允许，答完题以后最好检查两遍。审题有没有失误，计算有没有出错，是否把写在草稿纸上的答案准确无误地抄写到了答题纸上……这些都需要仔细检查。

对了，我还整理出了有助于提高分数的十大应试技巧，就贴在书桌上。你们去看看吧，考试的时候可以照着做。

十大应试技巧

1. 考完一场后不和同学对答案，专心准备下一场考试。

2. 拿到草稿纸后，先把背诵过的易混淆的知识点（如公式、概念等）写下来。

3. 拿到试卷后先写上名字和学号。

4. 即使题目非常简单，也要认真审题，不可马虎。

5. 做选择题时灵活运用排除法。

6. 先做会做的题目，不会做的题目做好标记，留到最后再做。

7. 不要因为试题难度大而过于紧张。

8. 答完题不要轻易改答案，除非你百分之百确定答错了。

9. 数学考试中，答主观题时不要忘记写单位。

10. 确认试卷上的答案与草稿纸上的答案一致，避免抄错。

有关时间的名言

没有不付出时间和精力就结出的果实。

——格拉西安

我们身边总有一些人，平时贪玩、不好好学习，考试前临时抱佛脚，想凭借自己的小聪明考出好成绩。他们这样做真能取得好成绩吗？没有不付出时间和精力就结出的果实。你只要付出了时间和精力，总有一天能收获丰硕的成果。不要轻言放弃，要满怀信心，加油！

第五章

有计划地
度过假期

那小子真帅

我的计划一定能让我实现目标!

考试终于结束啦,松雨他们迎来了暑假。这次考试的结果出乎所有人的意料。

春天以所有科目总共只错一题的战绩稳坐全年级第一名的宝座。她这次考出了自己迄今为止的最高分,遥遥领先于第二名。

但是,更让人意外的是松雨。以前成绩勉强处于中等水平的松雨这次竟然一下子飞跃到了全班第三名。老师、父母、同学得知松雨的考试成绩以后,全都目瞪口呆!班主任甚至找到松雨,惊喜地问她这次成绩进步的秘诀。

"老师,我从春天、建学和蔡妍姐姐那里学到了很多实用的学习方法,所以才考出了好成绩。"

班主任从疑惑变为欣慰。

松雨特别高兴，考出让大家全都吓一大跳的好成绩是一件多么令人振奋和开心的事呀！

春天、建学、蔡妍看到了松雨这段时间的努力，对她取得这么好的成绩一点儿都不感到惊讶。松雨认真制订并坚持执行计划，他们目睹了松雨转变的全过程。

建学考了全班第二，春天、建学、松雨这三个计划达人包揽了班里的前三名！

放学后，老师叫春天到办公室帮忙，松雨像往常一样，在校门口等着和春天一起回家。

建学走过来开松雨的玩笑："喂，金松雨！我现在是不是得紧张起来了？虽然早就知道你很聪明，可我没想到你这么快就赶上来了！松雨，你可不能超过我啊。"

建学和松雨之前是同桌，后来即使不坐在一起了，建学还是特别关照松雨。

"哈哈哈！你快点儿紧张起来吧！下次我也许就全班第二了呢。"

松雨乐呵呵的，也开起了玩笑。她最近学习刻苦，成绩突飞猛进，这让建学真的有了点儿紧张感。

"松雨，你假期准备做什么？"

"假期做什么？我还在想呢。以前我一放假就疯玩，可是现在不想像以前那样混日子了。我想制订计划，过一个充实的暑假，但是还没想好要怎么计划。"

"要不要我教你几招？"

"真的？"

"当然。择日不如撞日，就今天吧！"

××小学

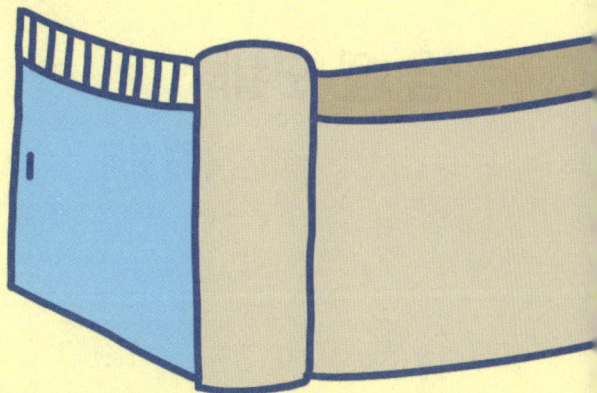

合理安排
假期

　　其实，我在没有养成制订计划的习惯之前，寒暑假也都过得稀里糊涂的。虽然每次刚放假的时候我都想着假期要过得充实、有意义，可是不知道怎么回事，后面就开始看电视、玩电脑，也不好好写作业……美好的假期转瞬即逝，我总是在假期快要结束时才感到遗憾和后悔。

　　后来，我听到了这样一段话："寒暑假是给努力的学生准备的机会，一个能激发自身潜能、提高学习成绩、证明自身能力的机会。"

　　这段话对我的影响特别大。仔细想一想，确实如此。假期里我们能自由支配的时间很多，只要制订合理的计划并按照计划认真执行，就一定能取得显著的进步。把这段时间充分利用起来的话，我也许能早日实现成为科学家的梦想。

所以，我从那时就开始注意搜集学习达人的好方法。下面我就来和你分享这些方法。

制订计划

最好以周为单位制订计划。假期看起来很长，但以周为单位进行划分，也不过几周的时间。一个长达 40 天的假期也就五六周，对不对？

先设定假期目标，把你想做的事全都写下来。

接着，就像我们在学期内制订计划时所做的一样，将一周中每天要做的事详细地列出来。细化任务和时间后，你学习起来会更有效率。给你看看我去年假期制订的计划吧！

我要好好制订计划，并且坚持执行下去！

每天学习语文、英语、数学。

重点学习薄弱科目。

假期计划

英语	
阅读	
运动	
数学	
科学	

制订计划。

先休息再学习！

先学习再休息！

建学的假期计划

目标 ▼   **具体计划** ▼

读 10 本书

从我最想读的 20 本书和学校推荐的书目中选择 10 本，每周读 2 本。

预习数学

1. 预习相对简单的课本，每周 2 个单元。
2. 做难度中等的练习册，每周 2 个单元。

复习数学

1. 做难度较大的数学题，提高解题能力。
2. 做练习册，每周 2 个单元。

学习科学

1. 每周上 5 节网课。
2. 做科学竞赛题，每周 2 个单元。

学习英语

1. 每周读 1 本英文童话书。
2. 每周背 50 个单词。
3. 每周看 1 部无字幕版英语动画片。
4. 每天用英语写 1 篇日记，每篇至少 10 句。

运动

1. 每天去体育场晨跑：第一周每天 2 圈，第二周每天 3 圈，以此类推。
2. 每周六上午和朋友一起踢足球或打篮球。

"玩"也要放进计划哟！

玩　阅读　数学　科学　看电视　英语　语文　编程

此外，制订计划时还要结合自身的实际情况。基本原则如下：主要科目每天都学，但应侧重于薄弱科目的学习。

主要科目指语文、数学和英语。尤其是英语这样的外语类科目的学习，培养语感特别重要。要想培养良好的语感，一定要坚持每天学习，不能松懈。学习语文和数学也要像学习英语一样每天坚持。

如果有的科目让你特别头疼，你就需要每周都特意留出一些时间来重点学习。假设你的薄弱科目是数学，你就要在每天学习 1 ~ 2 小时数学的基础上，每周再多花 2 小时学习数学。

制订自我奖励机制

最后，你还要制订自我奖励机制。为什么要这么做呢？因为我们每一个人都不能只学习、不休息，尤其是在美好的假期。

所以，在学习之余怎么玩，也要提前规划好，把玩当作对自己完成学习任务的奖励。毫无计划地每天疯玩，只会让你在假期快结束时感到疲惫和后悔。但是，在每周认真完成学习任务后都痛快地玩一场，你肯定会玩得很尽兴。

放假期间，我每周认真完成计划好的学习任务后，都会好好地玩一场。坚持执行计划很不容易，你可以把玩理解为自己坚持按计划好好学习之后得到的奖励。

你可以在完成一天的学习任务后奖励自己看 1 小时电视，

完成一周的学习任务后奖励自己跟朋友出去好好玩一次。

　　每当你学不下去的时候，你可以这样想：再坚持一会儿就能怀着满足的心情高高兴兴地玩一场啦。这样，你是不是又有了学习的动力呢？

　　需要注意的是，"先休息再学习"这种想法绝对要不得！一定要养成"先学习再休息"的习惯。

我要考第一！

一起加油吧！

　　“建学，说不定你以后真能成为和爱因斯坦一样伟大的科学家呢。你以后要是真拿了诺贝尔奖，可别假装不认识我，知道吗？”

　　“嘿嘿，你夸得我都不知道自己是谁啦。哈哈，谢谢你的鼓励！与我给自己的奖励相比，你的夸奖给了我更大的动力。怎么样？你知道该怎么制订假期计划了吗？”

　　“嗯。我一定要好好制订假期计划，度过一个充实、有趣的暑假，争取下学期就超过你！紧不紧张呀？”

　　“有点儿紧张！咱们比一比吧！”

　　“好啊！”

　　松雨和建学愉快地决定要在下学期一决胜负。好朋友突然变成了学习上的对手，这种感觉真奇特。

"松雨，你知道实现梦想最好的方法是什么吗？"

"是什么？"

"养成好习惯。"

"好习惯？"

"对。既然我们现在成了竞争对手，那么公平起见，我们最好站在同一个起点上。好习惯和成功关系密切，如果我不告诉你这一点，对你来说太不公平了。"

"哇，建学，你太好了！快点儿告诉我吧，养成好习惯真的这么重要吗？"

养成
良好的习惯

什么是习惯?

什么是习惯? 我说出来你可不要吓一跳。上课的时候专心听讲或交头接耳,早上一起床就喝一杯水,周末睡懒觉,放学回到家先做作业或先玩电子游戏……以上这些都是习惯,多得说也说不完。

我们在很长时间里逐渐养成的、一时间不容易改变的行为都是习惯。

反过来,习惯又影响着我们的行为。可以说,是习惯塑造了我们。因此,我们应该努力养成良好的习惯。

一个人如果每天都能完成计划,就会养成每天认真执行计划的习惯；相反，一个人如果每天都不能完成计划，就会养成不按时完成计划的习惯。长此以往，不同的人的人生肯定会大不一样。

放假期间，我们有更多可以自由支配的时间，这意味着我们可以对自身的行为进行反思，有足够的时间改掉坏习惯、养成好习惯。请注意，重点来了，下面我就来向你介绍如何养成好习惯。

养成好习惯的方法

你需要把你想养成的好习惯或你想改掉的坏习惯写下来。请注意，你写下来的好习惯必须是具体的、可度量的、可实现的、现实可行的。

举个例子，不要简单地写"认真完成计划"，而要写"每天完成90%以上的计划"；不要只写"减肥"这两个字，而要写"睡前20分钟做拉伸运动"……

接下来你就要付诸行动了。

你坚持到第7天时，可能会产生退缩的心理。但是，无论遇到什么样的困难，你都要咬牙坚持下去。要想把做一件事变成习惯，就需要反复去做这件事。

挺过了7天，你就进入了另一重境界——虽然你可能还没有养成做某件事的新习惯，但是如果哪一天不做，你就会觉得有点儿不对劲。之后，再坚持2周，也就是总共坚持21天，每天都按照计划行事，你就会越来越适应，从而养成新习惯。

改掉一个坏习惯、养成一个好习惯可能非常艰难。但是，为了我们心中的梦想，每天努力一点点，每天进步一点点，再艰难都是值得的。

早上按时起床

上课认真听讲

上学不迟到

养成好习惯!

打招呼、讲礼貌

睡前做拉伸运动

早起后喝杯水

养成好习惯的六大原则

第一条　坚持3周！不中断，不放弃。

第二条　不贪心，循序渐进。试着从养成一两个好习惯开始。

第三条　确保你要养成的习惯是具体的、可度量的、可实现的、现实可行的。

第四条　坚持制订计划！要想朝着养成好习惯的目标迈进，就必须制订计划。

第五条　不断总结、反思。

第六条　寻求反馈并接受他人的监督。

　　改掉坏习惯、养成好习惯后，你将真切地感受到自己每天的变化，成为更好的自己。

大家也来试一试！

好习惯	具体行动	落实情况			结果
		第一周	第二周	第三周	
示例 打招呼、 讲礼貌	遇到朋友打招呼	○○△×○×△	○△○○○△○	○△○○○○○	打招呼已 成为习惯
	遇到老师先问好	△○○○×○○	×○△○○△○	○△○○○○○	
	睡前和父母道一 声"晚安"	○○×○○△×	○○○○△△○	△○○○○○○	
	见到邻居打招呼	×○○△×○○	△○○△○○○	○○○○○○○	

梦想三剑客

"你们俩聊什么呢，这么投机？"

春天不知什么时候出现在松雨和建学身后。

"因为给老师帮忙，出来晚了，让你等这么久，本来我还担心你等得太无聊，但看到你和建学聊得热火朝天的，我就放心了。"春天笑嘻嘻地对松雨说。

"我们在聊假期计划呢。松雨给我'下战书'了。我们要在下学期一决胜负。春天，你是不是也有点儿紧张了？"

"是呀，是呀。在咱们学校，现在我最害怕的就是你和松雨了。你们最近都太用功了，看到你们刻苦学习的样子，我完全打消了玩的念头。你们现在可是我的'劲敌'。"

"劲敌？怎么可能？！但是听你这么说我好开心，这说明我进步确实很大呀！"松雨一脸高兴地说道。

成绩优异的春天一边把松雨看成自己的"劲敌"，一边不断给松雨打气，帮助松雨提高成绩，松雨心中充满了谢意。

"能和你们这样的'劲敌'做朋友，我真是太幸运啦！"说着，春天露出了灿烂的笑容。

三个人嘻嘻哈哈地走在回家的路上。

"对了，你们假期都打算做什么呀？"春天问道。

"建学建议趁假期培养几个好习惯，所以我们准备为此制订一个计划。"松雨回答。

"好习惯？俗话说得好，'习惯决定人生'，我也要加入你们！除了这个，咱们要不要再做点儿别的呢？"

说着，春天陷入了沉思。

不一会儿，春天大声地说道："咱们列一下'假期必做的 5 件事'，怎么样？"

"这个主意真是太棒了！"松雨和建学异口同声地说道。

列举假期
必做的 5 件事

"好，既然是我提议的，那我先说吧！"春天说。

春天的提议 **参观心仪的大学**

我曾经在书上看到过这样一句话：

想实现梦想吗？如果想，那就先去体验一下梦想实现了的
感觉吧。

怎么样？这句话是不是很有道理？你们以后想报考哪所
大学？想不想提前去这所大学看一看？我姐姐上个暑假就和

朋友们一起参观了她心仪的大学，回来以后特别开心。

去参观大学，可以听大学生们侃侃而谈，可以在操场上溜达，还可以去大学的食堂里吃饭。

当然，一定不要忘了去大学的图书馆看一看，在那里感受一下浓厚的学习氛围，提前了解一下我们未来的学习和生活环境。

大学里的超市或纪念品商店也是必去之处。在那里，我们可以买到印有校徽图案的笔记本、铅笔、圆珠笔等，还可以买到封面上印有大学校门图案的本子。

去大学参观前，我们得搜集好相关资料，这样参观的时候就能事半功倍了！

当然，如果因为各种原因没办法实地参观，我们也可以通过互联网搜索自己心仪的大学。把在网上找到的最喜欢的校园图片打印出来贴在书桌前，让它鞭策自己继续努力，这也不失为一个好办法。我已经这么做啦。

"哇！想想就热血沸腾！我要去！"松雨喊道。

"那我们这个假期选好自己想去的大学，然后三个人一起去参观吧！下面轮到我来提议了！这是我多年来一直坚持的好习惯……"建学说。

"别卖关子了，快点儿说吧。"松雨催促道。

建学神秘地笑了笑，开始讲了起来。

建学的提议

写日记

我在假期要做的第二件事就是写日记！考试考砸了，挨父母训了，被老师批评了，和好朋友吵架了，自己觉得委屈了……这些都可以记在日记里。

思绪庞杂的时候也可以写日记。把脑子里纷乱的想法都写下来，写着写着，我的思绪就会不知不觉变清晰。

坚持写日记还能让我更加了解自己。慢慢地，我可以发现自己喜欢做什么、讨厌做什么，什么时候高兴、什么时候心情低落，还可以认识到自己是一个什么样的人、想成为一个什么样的人、敬佩什么样的人……

写日记本身就是一个总结和反思的过程。以前，我总是在一天无所事事之后提醒自己："明天我一定要努力学习！"可是第二天呢？还是和前一天一样，我对自身存在的问题没有深刻的认识。但是，自从我开始写日记，情况就发生了变化。

我开始意识到自己的问题，开始珍惜每一天。如果有一天没有好好执行计划，我就会在写日记的时候找原因，并且提醒自己改进。每天都比前一天进步一点点，长此以往，我肯定能成为更好的自己。

此外，坚持每天写日记还能顺便练字呢。以前我最讨厌书法课，但是你们看我现在多喜欢写字啊。我在书法比赛中获奖也得益于写日记。这么看来，写日记是不是有很多好处啊？

"哎呀，建学，你竟然能坚持每天写日记，真的太厉害了！我以前也写过，但是三年级之后就慢慢放弃了……"

春天赞叹不已。

"我从这个假期开始，也要坚持每天写日记。"

松雨下定决心。

"对了，还有件事是假期必做的！"建学说。

"什么？"

建学话音刚落，春天就好奇地问道。

建学于是又说了下去。

每天至少阅读 1 小时

有一天，我读了一本书，这本书对我影响很大。这让我认识到，好书具有改变人生的神奇力量。我觉得假期要做的事情里绝对不能少了读书。

很多人对读书有畏难情绪，这种情绪会让他们错过很多重要的东西。通过读书，我们可以间接获得各种各样的体验，得到各种启示。

不仅如此，读书还能锻炼我们的专注力、记忆力、理解力、推理能力、自主学习能力……

你们如果仔细观察就会发现，成绩名列前茅的学生几乎都爱读书，而且阅读量非常大。我看过一部关于读书的纪录片，其中提到读书对开发人的大脑有帮助，是不是很神奇？

上学的时候因为忙于功课，没有太多的时间读书。到了假期我们就可以尽情地读啦。我上个假期一个补习班都没报，但读了很多书，这学期成绩反而提高了！所以这个假期我打算每天至少阅读 1 小时。

"太棒了，建学！这个假期我要跟你一起，一起写日记，一起读书！"

"还有我！其实我以前不太喜欢读书，但是从现在开始，我要努力做一个爱读书的人！"

春天和松雨都很赞成建学的提议。

"我从你们这里学到了好多东西，真的！下面轮到我来提议啦！"

松雨有点儿不好意思地说。

抵制诱惑

　　我们周围的诱惑太多了，我第一次制订计划时就意识到了这个问题。最初，不管我下了多大的决心，只要一坐到书桌前，我就会不知不觉地分心，一会儿鼓捣鼓捣这个，一会儿拨弄拨弄那个。每次都想好好学习，可结果不是玩电脑、看电视，就是和朋友煲电话粥，宝贵的时间就这样被浪费了。

　　以前，我习惯了每天这样浪费时间，所以制订计划也不管用，总是不能照着执行。平时上课的时候因为有课堂纪律的约束，所以还好，但只要一放假，我就会沉浸在电子游戏和电视节目中无法自拔。

　　所以我觉得，在假期抵制住诱惑很重要。下面我说说自己是怎样抵制电脑和电视的诱惑的。

　　首先，远离诱惑源——电脑和电视。我让爸爸妈妈把我房间里的电脑和电视都搬出去了。眼不见，心不烦。

　　其次，更换学习场所，比如去图书馆学习。图书馆里学习氛围浓厚，在那里我可以更快地进入学习状态。

　　再次，我还在电脑和电视上贴了"决心纸条"。我在电脑屏幕旁贴的纸条上写了"优秀的厨师不会把时间浪费在上网上"，在电视机屏幕旁贴的纸条上写了"抵制电视的诱惑"。这样做也许有些幼稚，但每当我习惯性地想要打开电脑和电视的时候，这些纸条都会提醒我，帮我抵制诱惑。

最后，借助计划的力量。提前规划好玩电脑、看电视的时间。以前我在假期里一玩电脑就是一天，看电视也是如此。现在我每天只玩半小时电脑，只看半小时电视，而且提前定好闹钟，时间一到就立刻停止。

"哎呀，松雨，你的提议非常好！"春天惊讶地说。
"是呀，你再也不是我们以前认识的那个金松雨啦！"
"以后我们和松雨一起去图书馆学习吧。"春天提议道。
"好哇。咱们再想一想假期还能做点儿什么。"建学说。
"我还有一个提议。"春天说。

战胜懒惰

　　每到假期，我最需要战胜的是懒惰。虽然平时懒惰也是我的"敌人"，但到了假期，自己能够自由支配的时间变多了，这个"敌人"也随之变得更加强大。

　　早晨赖在床上不起来，虽然睡意全无，可就是想继续在床上躺着；行动缓慢，做事拖拖拉拉……这些都是懒惰的表现。

　　懒惰的背后，其实是"我不想做"的消极心态在作祟。同学发来信息，我们都回复得很快吧？每到吃饭时间，我们都迫不及待地坐到了餐桌旁吧？郊游那天，我们早上很早就起床了吧？做这些事情的时候，我们都很迅速，因为它们都是我们期待的或很容易就能做到的。

　　但是，写作业、练字、学画画等是我们觉得难做或害怕做的事情，所以我们总是下意识地抵抗。

　　每天都犯懒，今天的任务拖到明天，明天的任务拖到后天，最终我们的假期就被浪费掉了。如果因为懒惰而失去实现梦想的机会，以后该多么悔恨和遗憾啊。所以，这个假期我一定要战胜懒惰！

　　经过一番讨论，松雨、春天和建学都有了一种离梦想更近的感觉。他们你看看我，我看看你，眼神里流露出对彼此的鼓励、对实现梦想的信心和得此好友的感激。心怀美好梦想的"梦想三剑客"自此将齐心协力，并肩作战，共同进步！

以后再做吧……？

作业本
练习本
练习本

有关时间的名言

我所浪费的今天是昨天死去的人所奢望的明天。
——哈佛校训

我们应该珍惜时间，节约时间。无论是谁都不应虚度一天的光阴。想一想那些已经没有明天的人，你是不是觉得自己应该更加努力、更加充实地活下去呢？哪怕只能迈出一步，也希望你迈出的是有意义的一步。

计划达人
最后的话

　　会制订计划并按计划行事的人是会管理时间的人，而会管理时间的人一定能够规划好自己的人生，这样的人也更容易获得成功。

　　所谓的成功，是指通过自己的努力实现自己的梦想，过上自己想要的、有意义的、有价值的生活。

　　种子虽小，但长成的大树可以高达数十米，直指蓝天。你要相信，梦想的种子经过"计划"和"努力"的浇灌，终有一天会长成参天大树，枝繁叶茂。

把你的梦想和决心写下来吧！

我会珍惜时间，认真制订计划，坚持完成计划，竭尽全力实现我的梦想！

年　　　　月　　　　日

（署名）

从现在开始，认真制订计划并坚持执行。长此以往，你将在自己身上发现神奇的变化。一起加油吧！

著作权合同登记号　图字：01-2024-4457

图书在版编目（CIP）数据

年级第一名这样管理时间 /（韩）薛普渊著；木子

绘；高明译. -- 北京：北京科学技术出版社，2024.

ISBN 978-7-5714-4165-4

　Ⅰ. G625.5

中国国家版本馆 CIP 数据核字第 2024ZY3831 号

策划编辑：刘珊珊		**电　话**：0086-10-66135495（总编室）
责任编辑：吴佳慧		0086-10-66113227（发行部）
责任校对：贾　荣		**网　址**：www.bkydw.cn
图文制作：沈学成　杨严严		**印　刷**：雅迪云印（天津）科技有限公司
责任印制：李　茗		**开　本**：710 mm×1000 mm　1/16
出 版 人：曾庆宇		**字　数**：66 千字
出版发行：北京科学技术出版社		**印　张**：8.25
社　址：北京西直门南大街 16 号		**版　次**：2024 年 12 月第 1 版
邮政编码：100035		**印　次**：2024 年 12 月第 1 次印刷
ISBN 978-7-5714-4165-4		

定　价：56.00 元